D1689003

Der lieben Familie
Majoros ♡

Eure
Conny
bzw.
Cornelia M. Breitfellner

Cornelia M. Breitfellner

Das Streben nach der Sterblichkeit

story.one — Life is a story

story.one

1st edition 2024
© Cornelia M. Breitfellner

Production, design and conception:
story.one publishing - www.story.one
A brand of Storylution GmbH

All rights reserved, in particular that of public performance, transmission by radio and television and translation, including individual parts. No part of this work may be reproduced in any form (by photography, microfilm or other processes) or processed, duplicated or distributed using electronic systems without the written permission of the copyright holder. Despite careful editing, all information in this work is provided without guarantee. Any liability on the part of the authors or editors and the publisher is excluded.

Font set from Minion Pro, Lato and Merriweather.

© Cover photo: selbst gestaltet

© Photos: selbst gestaltet

ISBN: 978-3-7115-2036-4

Für meine Eltern und mein allerliebstes Schäfchen, die mich immerzu unterstützt und ermutigt haben. Vielen Dank.

INHALT

Einleitung	9
Antriebslos	13
Die Gesellschaft	17
Fürsorgliche kleine Schwester	21
Den Geliebten verlieren	25
Notdienste der Sterblichen	29
Anschluss an die Gesellschaft	33
Ein neuer Kollege	37
Ein Neuanfang	41
Das Krankenhaus der Ewig Leidenden	45
Ungewohnte Gedanken	49
Veränderung	53
Frieden finden	57
Epilog	61

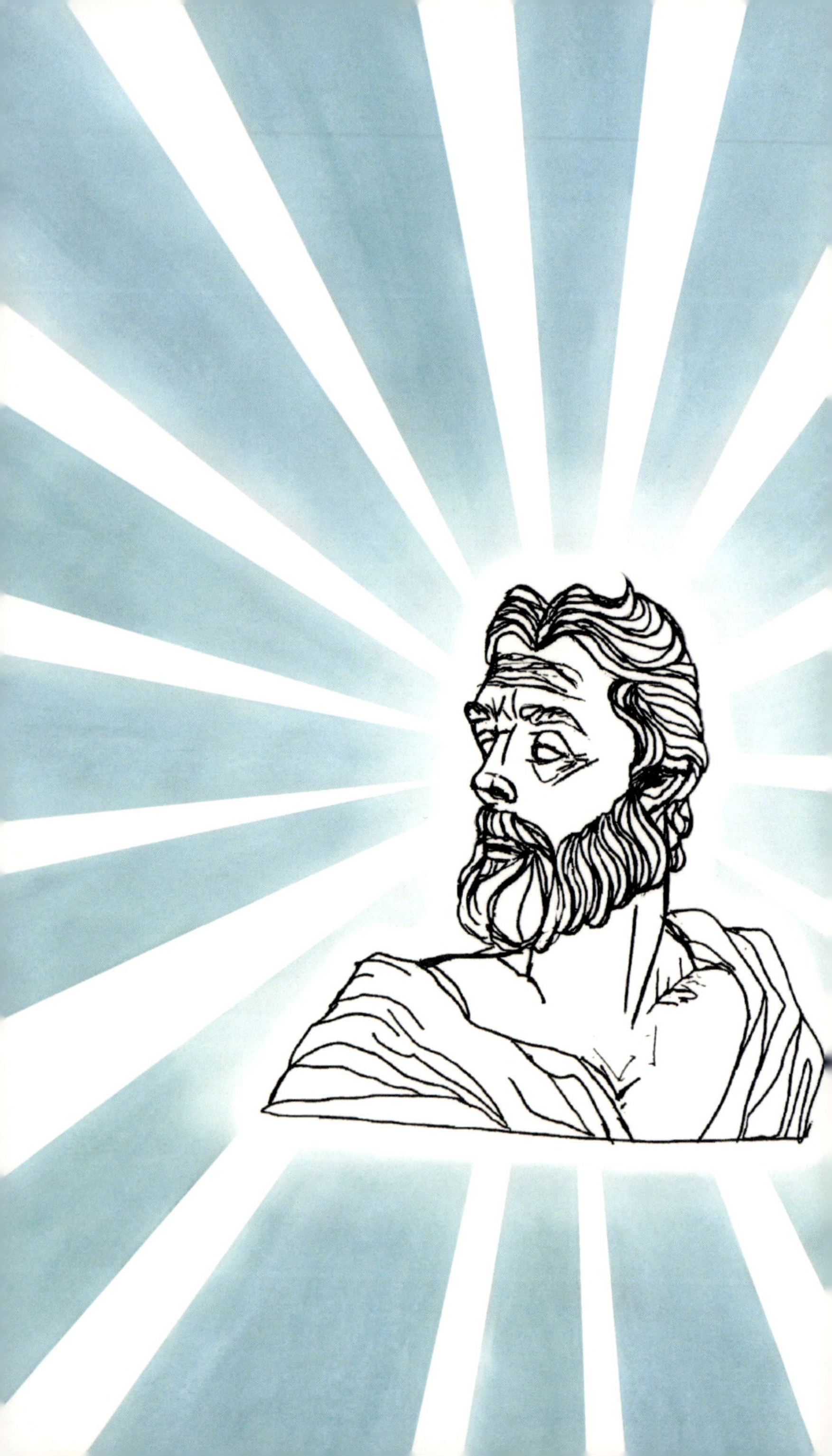

Einleitung

Man munkelt, die Abnormalität dieser Welt sei aus einer Laune heraus entstanden. Aus der Laune eines Gottes. Irgendwann zwischen der Entstehung des Menschen und der Neuzeit geschah es, dass sich etwas an dessen Sterblichkeit änderte. Fortan konnte ein Mensch bloß sterben, wenn er leben wollte. Sobald jemand kein Interesse mehr daran verspürte, am Leben zu sein, alterte er nicht bloß nicht mehr, er wurde unsterblich.

Viele Überlieferungen deuten darauf hin, dass der Ursprung dieses Phänomens in der Antike liegt. Damals galt die korrekte Mischung der Körpersäfte als Voraussetzung für ein gesundes Leben. Der allgemeinen Vorstellung nach waren die vier Säfte Blut, Schleim, gelbe und schwarze Galle. Letzterer ist es, auf welchen einige die Anomalie der Sterblichkeit des Menschen zurückführen. Die Schwarzgalle – oder auch *melancholia* – stand in Verbindung mit Kälte und Trockenheit, einem scharfsäuerlichen Geschmack, der Milz sowie der

Jahreszeit Herbst. Wichtiger als die diversen Assoziationen auf abstrakter Basis jedoch sind jene Symptome, die durch ein deutliches Vorherrschen der schwarzen Galle auftreten: Magenbeschwerden, Stimmungsschwankungen, Depressionen, Wahnvorstellungen oder Sprachstörungen. Anders ausgedrückt äußerte sich ein Übermaß an schwarzer Galle in Schwermut und tiefer Traurigkeit. Ebenfalls bekannt als Melancholie.

Das ständige Nachdenken und Grübeln über Gott und die Welt und folglich auftretende Probleme, die über das tägliche Überleben hinausgingen, resultierten seit Jahrtausenden in Melancholie – oder heute gängiger: Depression.

Dieser Unwillen der Menschen, zu leben, störte die Götter Gerüchten zufolge immens. In weiterer Folge geschah es, dass sich etwas an der Sterblichkeit des Menschen änderte. Allerlei Legenden und viele Geschichtenerzähler sind sich einig: Die Götter waren erbost. Sie hatten den Menschen das Leben geschenkt und nun gab es unter diesen einige, die es nicht wollten, es nicht wertschätzten. Einige, die die Lust aufs Leben verloren hatten und sich danach sehnten, zu sterben. Nicht zu fassen.

Wie auch immer es sich nun wirklich ergeben hat – ob es tatsächlich, wie man es zumindest sagte, ein launischer Gott war, der sich eines Tages nicht mehr zurückhalten konnte, oder doch eine evolutionäre genetische Veränderung –, ist nicht von Relevanz. Fest steht, dass die Menschen anschließend sterblich waren, solange sie leben wollten. Doch sobald sie sich nach dem Tod sehnten, konnten sie nicht mehr sterben, sie waren ohne Lebenswillen unsterblich.

Dies hatte allerlei Folgen. Heutzutage manifestiert sich diese Abnormalität vor allem in den folgenden Formen:
-) Erstens in chronisch Depressiven, die nie älter werden und auf ewig – oder zumindest bis sich ihre mentale Gesundheit gebessert hat – mitsamt ihrem seelischen Schmerz existieren.
-) Zweitens in ewig lebenden Alten und Kranken, die entweder alles erlebt und mit dem Sein auf Erden friedlich abgeschlossen haben, oder aber ein solches Leid ertragen, dass sie sich die Erlösung durch den Tod sehnlichst wünschen, doch diese nie erfahren werden.

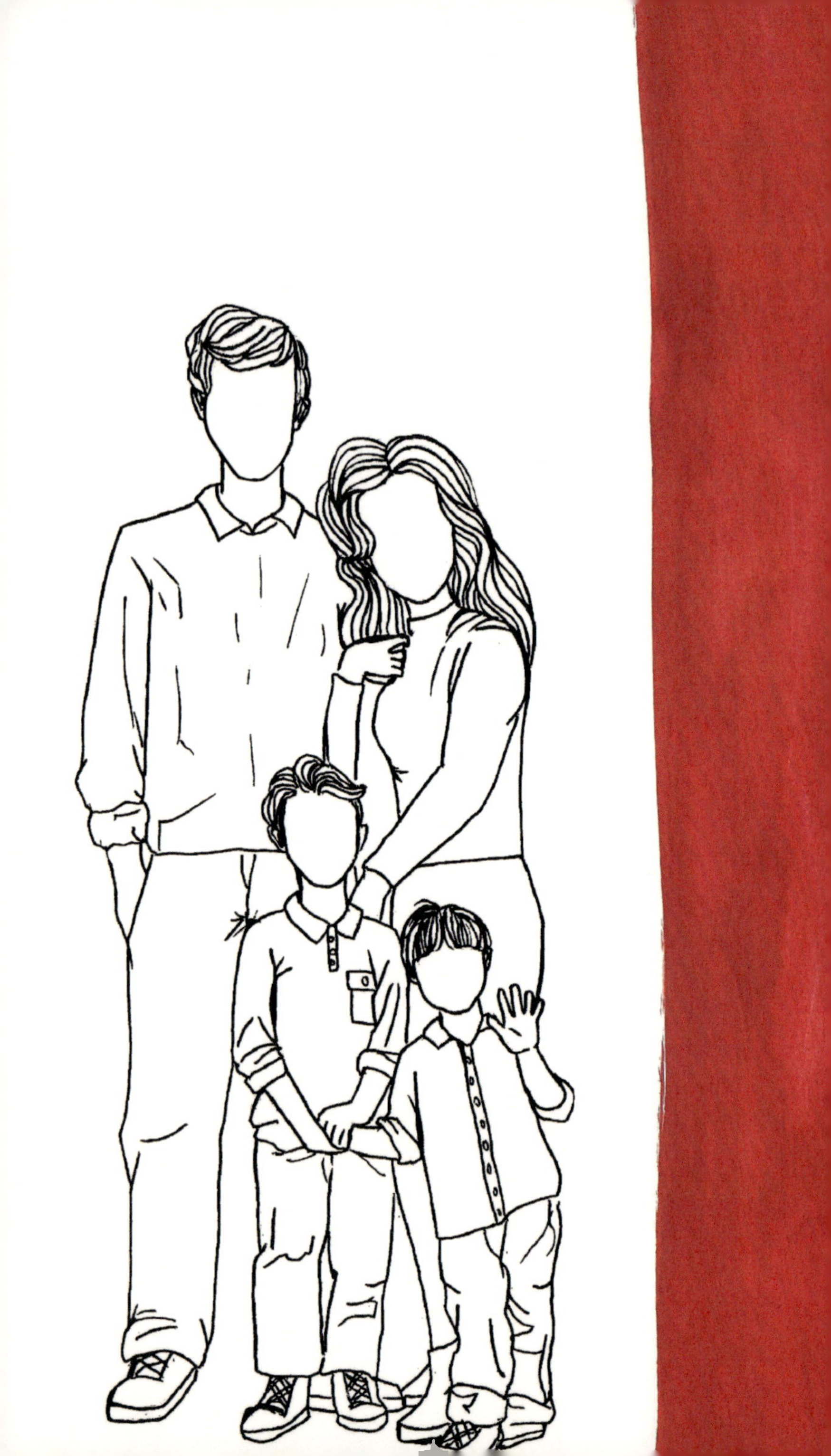

Antriebslos

Arthur

„Schatz, wieso bekommst du keine grauen Haare?" Meine Frau klingt beunruhigt. Ich weiß, dass sie sich nicht bloß über ihre eigene ergrauende Mähne beschwert. Sie erahnt den wahren Grund.

Ich habe es so lange wie möglich für mich behalten wollen und es verheimlicht. Hoffentlich haben die Kinder es noch nicht bemerkt. Meine Frau allerdings schon. Sie macht sich Sorgen – und das zu Recht. Es stimmt, ich sehe keinen Sinn mehr im Leben, verspüre keine wirkliche Freude mehr. Es liegt nicht an ihr oder an den Kleinen. Ich weiß eigentlich gar nicht so recht, woran es genau liegt. Nun bin ich in meinen Vierzigern und habe weder etwas Großartiges erreicht noch habe ich dies vor. Vielleicht bin ich sogar an meinem 40. Geburtstag selbst steckengeblieben, da ist mir zum ersten Mal dieser Gedanke gekommen. All meine Freunde und Verwandte um mich versammelt, habe ich meinem gesamten bisherigen Leben ins Gesicht geblickt.

Was hat es für einen Sinn? Die tägliche Büroarbeit, das Heimkommen am Abend zu Frau und Kindern, die mir wieder und wieder von ihrem ereignislosen Alltag berichten. Bin ich glücklich? Ich weiß es nicht, eigentlich ist mir alles gleich.

Natürlich fühle ich mich weiterhin verpflichtet, das Geld nach Hause zu bringen, mein Leben weiterzuleben. Doch tief in meinem Inneren bin ich leer. Antriebslos. Nur ist es leichter, das „Leben" weiterhin so zu führen, wie es bisher war. Sich bloß vor den Kindern nichts anmerken lassen. Spätestens wenn sie die Schule abschließen, und ich noch immer keinen Tag älter aussehe als 39, werden sie es wissen. Dagegen kann ich nichts tun. Meine gesamte Familie zu verlassen, meine arbeitslose Frau ohne herausragende Qualitäten, die sie am Arbeitsmarkt attraktiv erscheinen lassen würden, mit zwei hungrigen Mäulern im Stich zu lassen, das bringe ich nicht übers Herz. Doch die Familie genügt nicht, um die Leere in mir zu füllen. Um meinem Leben einen wahren Sinn zu geben.

„Liegt es an mir?" Sie klingt verzweifelt. „Bin ich das Problem? Bin ich zu unattraktiv? Sind meine Kochkünste nicht gut genug?" Traurig blicke ich sie an. Sie muss es akzeptieren, es wird sich nichts ändern. Seit sie es vor fünf Jahren bemerkt hat, hat sie alles versucht, um mir zu helfen. Doch es bringt nichts. Es wird sich nichts an meiner Einstellung ändern, da bin ich mir sicher. „Bitte, Schatz, du trägst keine Schuld. Das weißt du doch. Nimm es einfach hin, ich bin doch weiterhin da. Bitte finde dich damit ab." Auch ich klinge ein wenig verzweifelt, in Wahrheit bin ich erschöpft. Viel zu oft habe ich diese leere Behauptung ausgesprochen. Stumm presst sie die Lippen aufeinander. Ich sehe ihre glasigen, bekümmerten Augen und nehme sie in den Arm. Das ist meine Pflicht als Ehemann, als Vater ihrer Kinder. Eines Tages werden sie nicht mehr sein und ich weiß nicht, was ich dann tun werde. Doch bis dahin bleibe ich. Was sollte ich sonst tun? Ich habe keine Bestrebungen, keinen Sinn. Also bleibe ich hier. Bis sie es nicht mehr sind.

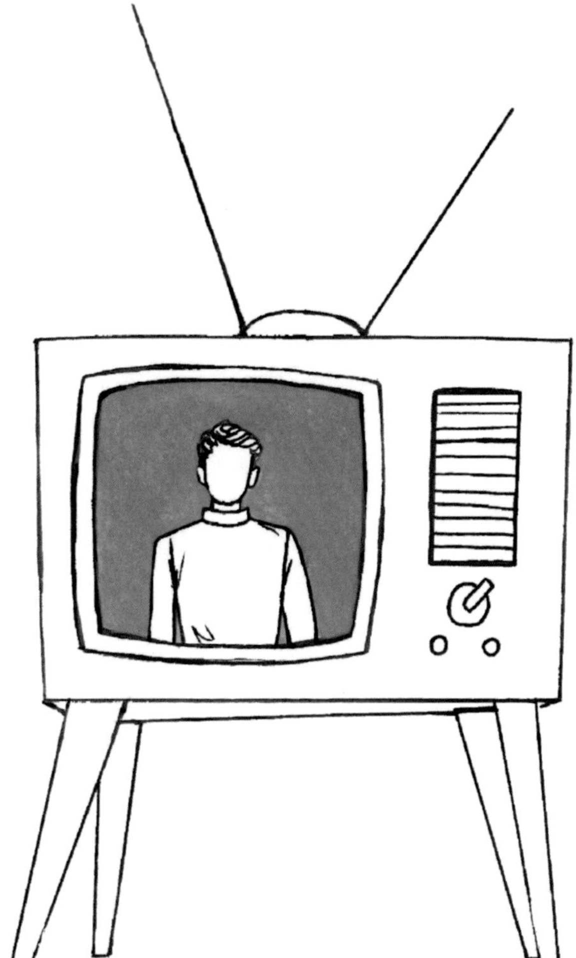

Die Gesellschaft

Wilhelm

„Die Gesellschaft hat mir geholfen. Ohne sie wüsste ich nicht, wohin mit mir. Ich kann euch kein Gefühl eines Lebenssinnes versprechen, oh nein, mit dem können wir euch nicht helfen. Doch ohne Sinn im Sein, wo will man da schon hin?

Wieso also nicht zu uns? Zur Gesellschaft der Schwankenden. Wir schwanken zwischen Leben und Tod, denn uns ist es gleich. Man könnte auch sagen, dass wir in Zeitlupe leben. Es stimmt, viele von uns werden älter. Dies jedoch nur sehr langsam. Es sind Momente des Lebenswillens, in denen wir einen Sinn verspüren, Momente, die uns altern lassen. Solch ein Moment kann ein paar Sekunden, ein paar Tage oder Wochen oder auch ganze Jahre, manchmal auch Jahrzehnte lang dauern.

Wir nehmen all jene auf, die sich so fühlen, als würden sie schwanken. All jene, die nicht wissen, wo sie hingehören. All jene ohne Sinn. Mögen wir der restlichen Welt keine Bürde mehr sein. Ziehen wir uns zurück, existieren wir miteinander, bis wir es nicht mehr tun."

„Und Schnitt!" Ich atme aus, entspanne mich. Seit die Wahl des Gesichts der Gesellschaft durch deren Mitglieder auf mich gefallen ist, verspüre ich einen unerklärlichen Druck. Es ist nicht so, als würde mein Leben jetzt wichtig sein, doch vor den hellen Lichtern und der Kameralinse bin ich trotz allem etwas nervös. „War das gut?", erkundige ich mich bei Richard, dem Leiter der Gesellschaft der Schwankenden, welcher nun auch den Posten des Leiters der Regie übernommen hat. Er lächelt, ein seltener Anblick. „Ja, das war sogar sehr gut, Wilhelm. Die Politiker der Normal-Sterblichen haben mich in den vergangenen Jahrzehnten etliche Male dazu gedrängt, etwas zu unternehmen und die Unsterblichen dazu zu animieren, sich aus der sterblichen Realität zu entfernen. Du weißt, dass ich mir nicht sicher bin, ob dies das Richtige ist, doch es wird mit Sicherheit niemandem schaden. Im ganzen Land wird dieser informative Werbespot ausgestrahlt werden. Gut gemacht, du bist das Gesicht der Gesellschaft der Schwankenden!"

Ein klein wenig stolz macht mich das schon. Dabei bin ich noch nicht allzu lange Mitglied, bloß zwei oder drei Jahrzehnte lang. Einige Leute hier würde ich bereits als Freunde bezeichnen. Täglich erledige ich die notwendigen Arbeiten an ihrer Seite. Die meisten hier würden zwar ohne Verpflegung überleben, doch angenehm wäre diese Existenz keinesfalls. In der Gesellschaft sind nicht die Leute, die sich aufgrund starken Trübsinns selbst bestrafen möchten, eher besteht sie aus Menschen, denen das Leben egal ist. So existieren wir Seite an Seite und überleben Jahrhunderte lang, ohne Schaden zu nehmen oder anderen Leid zuzufügen. Wir halten uns möglichst aus dem sterblichen Leben raus, bleiben unter uns, haben uns zurückgezogen.

Ich halte viel von dieser Philosophie. Schließlich verspüre ich keinen Hass. Ich bin weder Sadist noch möchte ich Rache üben. Ich gehöre hierher. In die Gesellschaft der Schwankenden. Zwischen Leben und Tod.

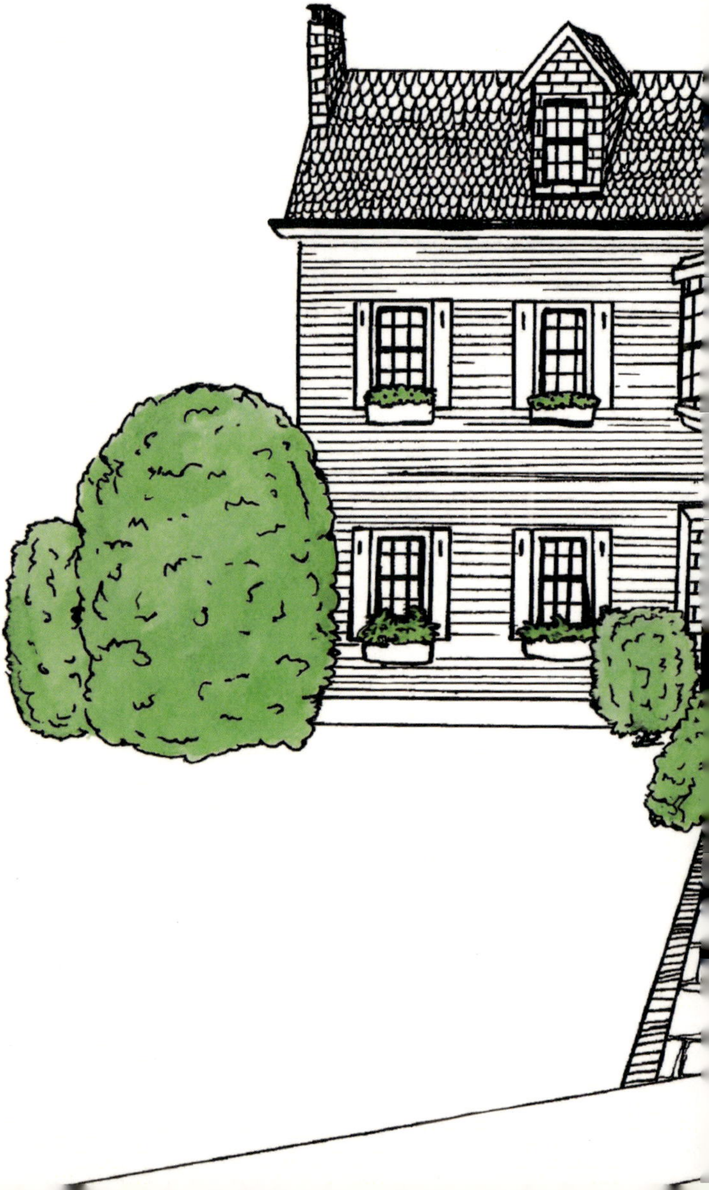

Fürsorgliche kleine Schwester

Victor

„Hey, Vic … Können wir reden?" Natürlich will sie wieder reden. Meine kleine Schwester Emma kann manchmal echt nerven. Vielleicht sehe ich das nur so wegen meiner anhaltenden Pubertät. Eigentlich ist meine Schwester fünf Jahre jünger als ich, aber mittlerweile steht sie kurz vor der Pensionierung und ich bin immer noch im Körper eines störrischen Teenagers. Hautunreinheiten und Stimmungsschwankungen mit inbegriffen. Jedoch glaube ich nicht, dass ich in den letzten Jahrzehnten kein Stück gealtert bin. Ich habe bestimmt eine beachtliche Zeit lang ausgesehen wie ein Fünfzehnjähriger, aber mittlerweile schätze ich meinen Körper auf in etwa achtzehn Jahre.

„Na gut, was ist es diesmal? Wieder die alte Leier?" Meine schnippische Antwort versetzt ihr einen Stich. Sofort tut es mir leid, doch manchmal kann ich mich einfach nicht zurückhalten, oft reagiere ich, bevor ich denke. Wie sehr ich mich und meine Dauer-Pubertät dafür hasse! Aber ich habe recht gehabt. Natürlich will sie mir wieder einreden, der Gesellschaft beizutreten. „Glaubst du nicht, dass es dir dort besser gehen würde? Vielleicht findest du ja einen Sinn …" – „Das glaubst du ja selbst nicht." Schon wieder habe ich es getan. „Tut mir leid, ich meine es nicht so, Emma. Aber sie versprechen keine Sinn-Wiederfindung und so junge Körper wie ich haben dort meiner Meinung nach nichts verloren. Lieber bleibe ich bei dir, als dass ich dort vor mich hinvegetiere." Ihr Blick wird weich. Ich bin zwar schlecht darin, es zu zeigen, aber sie ist mir immer noch unglaublich wichtig. Unsere Eltern sind Arschlöcher gewesen und wir haben von früh an nur einander gehabt. Das hat Emma nicht so sehr beeinträchtigt, doch ich bin steckengeblieben. Nie darüber hinweggekommen.

Jetzt lebe ich bei ihr. Sie hat ihr Leben so gut es geht gelebt, hat Kinder und verschiedene Lebenspartner gehabt, zwei davon sogar geheiratet, letzterer wohnt bei uns. Also eigentlich bei ihr. Ich weiß, dass ich ein Klotz an ihrem Bein bin, ich halte sie zurück, denn seit sie körperlich merklich älter ist als ich, verspürt sie ein Pflichtgefühl mir gegenüber. Dabei will ich ihr

nicht zur Last fallen. Vielleicht sollte ich mich wirklich der Gesellschaft der Schwankenden anschließen (trotz der Kritik, sie erinnere an eine Sekte), doch ich bringe es einfach nicht übers Herz. Emma ist mir zu wichtig, als dass ich durchs halbe Land fahren und sie zurücklassen könnte. Außerdem stinkt es mir, dass ihr jetziger Ehemann ihr eingeredet hat, ich solle zur Gesellschaft gehen. Ich toleriere ihn bloß, weil sie ihn liebt. Dieser John. So ein Wichser! Von Anfang an habe ich ihn gehasst – und er mich ebenso. Ständig behandelt er mich wie eine Art Stiefsohn, wie einen Teenager. Nur weil ich so aussehe und mich teils so verhalte, bin ich das noch lange nicht! Na gut, ich benehme mich ja wirklich so, das gebe ich zu. Trotzdem kann er mich mal. Als die beiden eines Abends den Werbespot der Gesellschaft im abendlichen Fernsehen gesehen haben, ist er sofort darauf angesprungen: „Das wäre doch was für Victor! Da passt er hin!"
Nie im Leben verlasse ich meine Schwester. Sie ist mir viel zu wichtig. Trotz meines Hasses auf meine eigene Existenz.

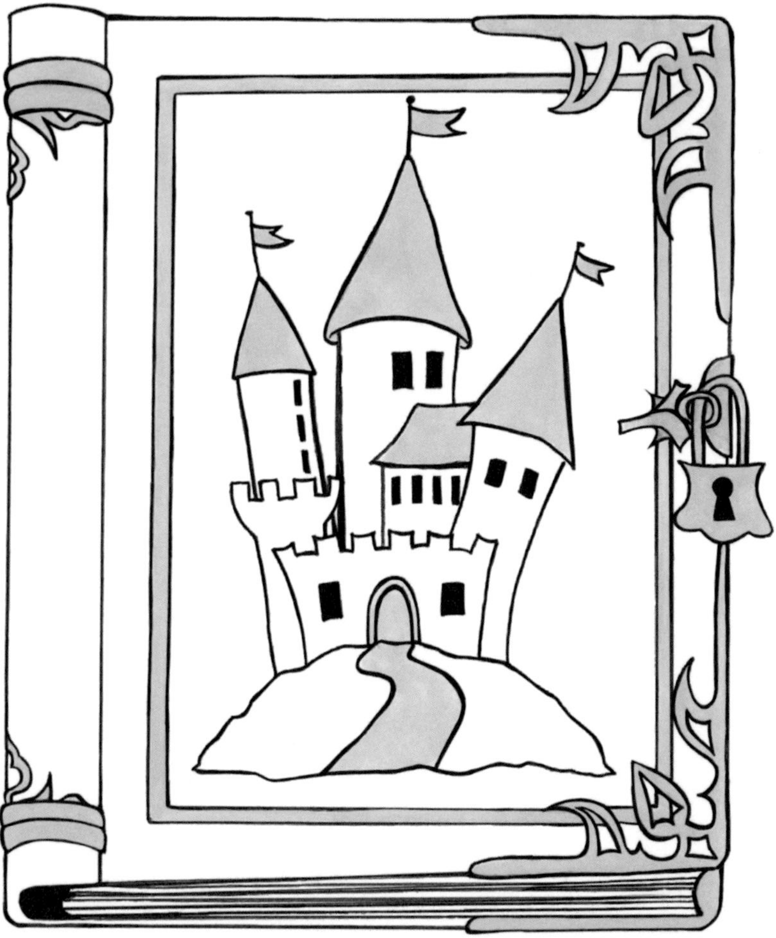

Den Geliebten verlieren

Anneliese

„… und sie lebten glücklich bis an ihr Lebensende." Die letzten Seiten hätte ich vermutlich nicht mehr vorlesen müssen. Meine Enkelin schläft, seitdem sich die Prinzessin für den Ball des Prinzen schick gemacht hat. Das Happy End hat sie nicht mehr mitbekommen. „Morgen ist ein großer Tag", sage ich ihr, auch wenn sie es nicht hört. Der erste Schultag. Ihre Eltern sind heute schick essen und holen sie morgen in der Früh ab, um sie in die Schule zu bringen.

Zufrieden betrachte ich noch einen Moment lang ihr engelsgleiches Gesicht. Sie sieht meiner Tochter, ihrer Mutter, so ähnlich. Ich kann es kaum erwarten, Gerhard vom Ins-Bett-Bringen zu erzählen. Er sollte schon im Bett liegen, mein Mann geht immer früh schlafen – sogar früher als unsere Enkelin. Freudig biege ich ums Eck und erwarte eine geschlossene Tür, hinter der er im Dunkeln zufrieden schnarcht und schlummert. Doch es ist nicht dunkel. Ist er noch wach? Das Licht im Badezimmer ist noch aufgedreht. Da sehe ich ihn. Mein Ehemann Gerhard liegt regungslos auf dem Boden.

Mehrere Wochen sind nun vergangen. Sein Begräbnis war unspektakulär, unsere Enkelin versteht das Ganze noch nicht so wirklich. Ich allerdings schon, und mich beschleicht eine Ahnung. Eine deprimierende. Gerhard ist mein Ein und Alles gewesen, letztes Jahr haben wir unsere Diamantene Hochzeit gefeiert. Ganze 60 Jahre sind wir verheiratet gewesen. Jetzt bin ich allein. Nicht einmal unsere Enkelin kann mich mit solch einer Lebensfreude erfüllen, wie es Gerhard einst getan hat. Es hat keinen Sinn mehr.

Es ist dabei geblieben. Tage sind vergangen, dann Wochen, Monate, Jahre. Beim Schulabschluss meiner Enkelin spricht sie mich darauf an. Es ist ihr bestimmt schon vorher aufgefallen, doch mit glasigen Augen fragt sie mich, das Abschlusszeugnis in der Hand: „Oma, kann es sein, dass du keinen Tag gealtert bist, seit es mich gibt?" An die Zeit vor dem Tod ihres Großvaters kann sie sich nicht mehr wirklich erinnern. Aber ich kann es. Wie schön es doch war. „Es liegt nicht an dir, Schätzchen."

Seit Gerhard tot ist, ist jeder Tag eine Qual. Morgens aus dem Bett zu kommen ist genauso schwer wie die Maske aufzusetzen, die ich vor meiner Familie tragen muss. Natürlich wissen sie es trotzdem. Über ein Jahrhundert lang lebe ich nun schon, doch sehe keinen Tag älter aus als 84. Das ist mein Körper auch nicht.

Ich sollte meine Familie verlassen. Sie nicht mehr belasten. Doch wohin mit mir? Einen Ort für Leute wie mich, die ihr Leben gelebt haben und sich nach dem Tod sehnen, da sie hoffen, ihren Geliebten dort zu treffen, oder nach vielen Jahren einfach keinen Sinn mehr im Leben sehen, gibt es nicht. Oder ich kenne ihn nicht. Die Gesellschaft ist nichts für mich, ihre Ideale vertrete ich nicht und ihre Einstellung ist mir unsympathisch. In meinen Augen ist sie fast schon eine Sekte. Dann bleibe ich wohl noch, bis ich eine bessere Alternative gefunden habe.

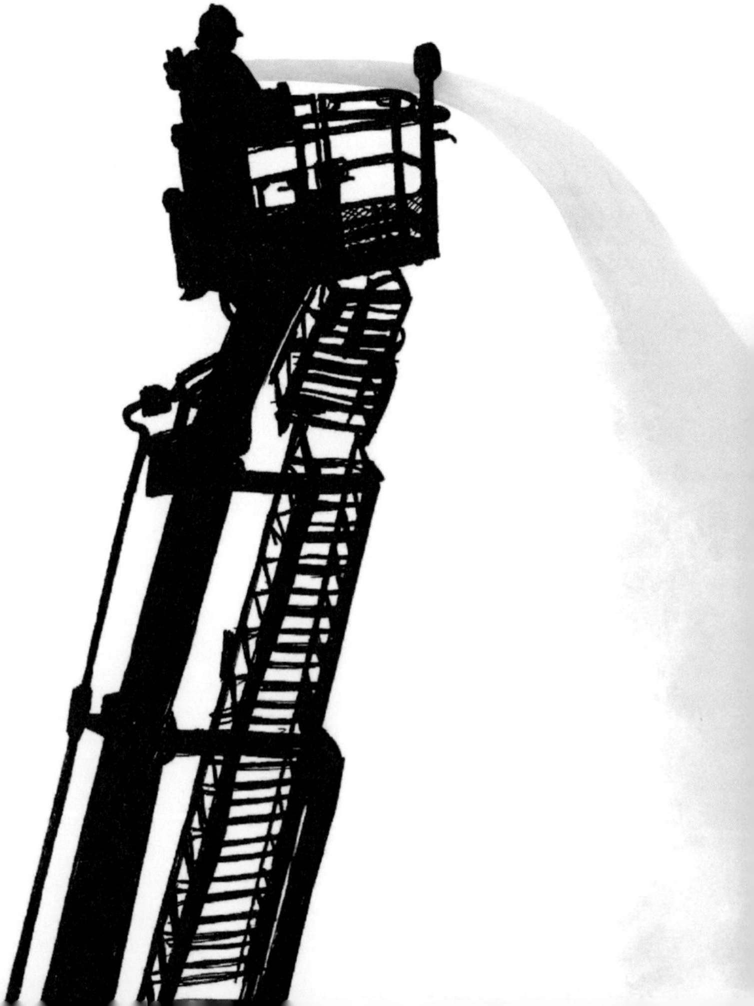

Notdienste der Sterblichen

Tamara

Ich bin noch nicht lange bei den Notdiensten der Sterblichen angestellt. Noch werde ich von meinen Mitarbeitern und Vorgesetzten behandelt, als wäre ich eine Außenseiterin. Wobei ich nicht glaube, dass sich das allzu bald ändern wird. Denn die anderen Außendienstmitarbeiter und ich sind grundsätzlich verschieden. Die meisten Feuerwehrleute und Sanitäter sind unsterblich. Ich nicht.

Oft ist mir davon abgeraten worden, einem so gefährlichen Beruf nachzugehen. Eine Sterbliche an vorderster Front zahlreicher Katastrophen ist äußerst ungewöhnlich. Doch ich habe mich nicht davon abbringen lassen. Nun sind viele meiner Kollegen unsterblich. Einige sind auf der Suche nach einem Sinn und hoffen, wieder zu altern. Andere von ihnen wissen nicht, was sie sonst mit ihrer Ewigkeit anfangen sollen – und tragen durch die Arbeit bei den Notdiensten sogar zum Allgemeinwohl bei.

Wobei ich mir bei letzterem ehrlich gesagt nicht sicher bin. Denn viele meiner momentanen Kollegen haben eine fragwürdige Philosophie. Ihrer Meinung nach muss man Menschen in Katastrophen-Situationen dazu bringen, ihren Lebenswillen zu verlieren, damit sie überleben. Auch, wenn sie dies nicht mehr wollen und nachher womöglich ein Leben geplagt von Trauma und Depressionen führen. Die Geretteten leben dann nicht mehr wirklich, sie existieren bloß.

Meiner Meinung nach ist das falsch. Beim Retten eines Menschenlebens geht es darum, das Individuum vor dem Tod zu bewahren. Sollte es diesen nachher kaum noch erwarten können und sich eventuell sogar wünschen, tot zu sein, dann ist die Mission in Wahrheit gescheitert. Deshalb bin ich hier. Um Menschen davor zu bewahren, vor dem Tod in die Depression „gerettet" zu werden. Wie es meinem Vater passiert ist. Das ist also mein Sinn im Leben: Menschenleben zu retten, um ihnen ein glückliches, sterbliches Leben zu ermöglichen.

Oft beschleicht mich die Angst, selbst unsterblich zu werden. Bei vielen Einsätzen kommen Menschen um. Noch assistiere ich nur. Ich fahre den Rettungswagen oder schließe den Wasserschlauch an. Hoffentlich darf ich bald selbst mit jenen in Not sprechen, sie wahrlich retten. Sowohl körperlich als auch seelisch. Noch muss ich bloß zuhören, wie meine Kollegen den Opfern der Katastrophe den Lebenssinn austreiben möchten. Das Schlimmste daran ist, dass die meisten trotzdem sterben. Verängstigt, in Schrecken, weinend, vollkommen aufgelöst. Kein schöner letzter Moment.

Dabei würden sie auch überleben, wenn sie ihren Frieden finden und mit dem Leben abschließen könnten. Dass viele meiner Kollegen auf solch brutale Methoden zurückgreifen, liegt womöglich daran, dass sie selbst frustriert und sinnlos durch die Welt schreiten. Meiner Meinung nach ist es einfach schrecklich, dass diese Unsterblichen Leben retten sollen und bei den Notdiensten arbeiten dürfen. Hoffentlich kann ich hier irgendwann eine Änderung bewirken.

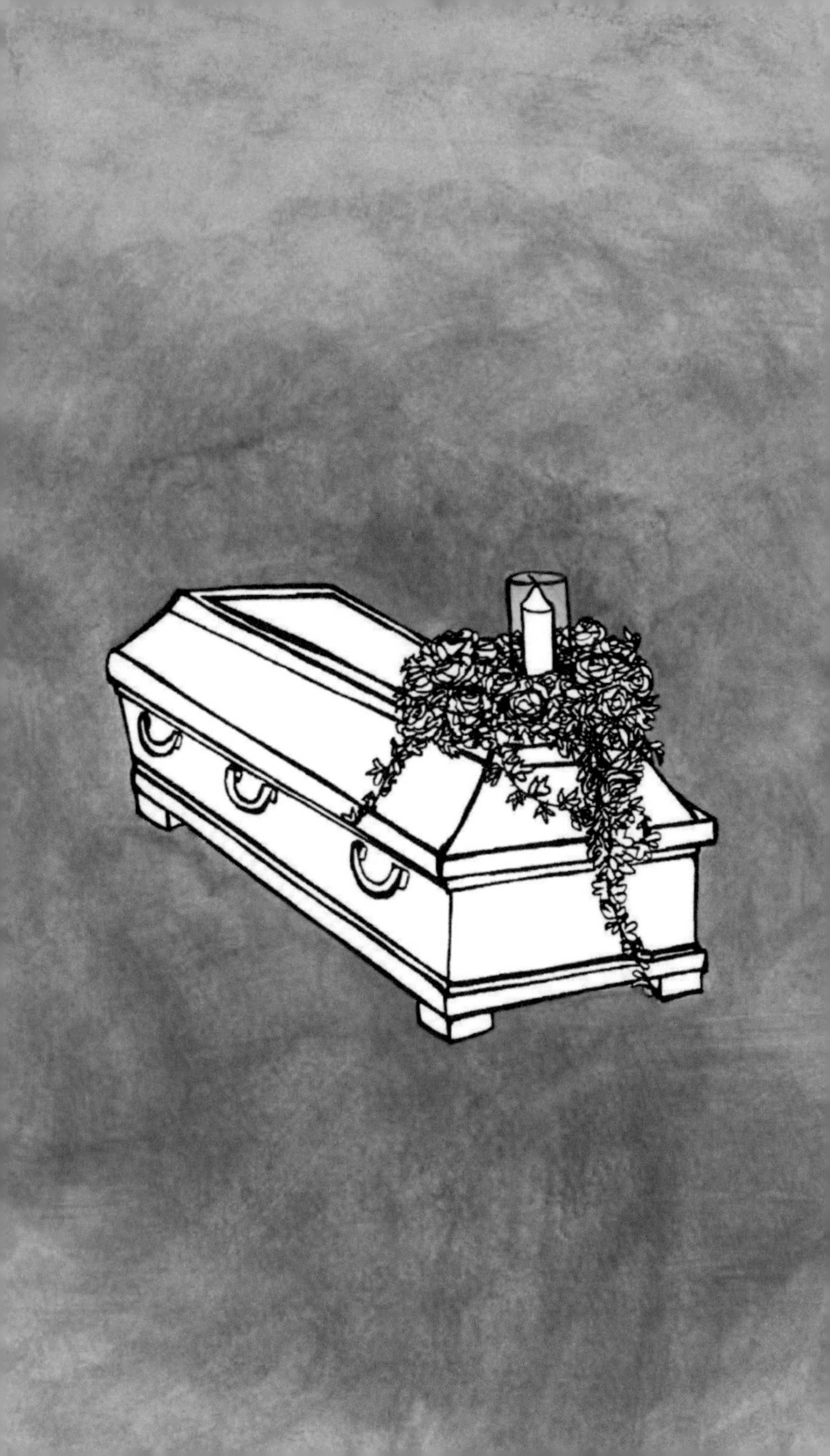

Anschluss an die Gesellschaft

Arthur

Diese Woche war die letzte der Beerdigungen. Jahrzehnte lang zähle ich nun schon eine nach der anderen ab. Meine Frau ist mit 79 Jahren an Krebs gestorben. Unser Ältester hat mit seinem Ehemann fast ein Jahrzehnt später einen Autounfall gehabt, bei dem beide umgekommen sind. Mein jüngster Sohn hat ein paar Kinder adoptiert und ist vor kurzem an einem Herzinfarkt verstorben.

Seine Kinder, meine Enkel, kenne ich nicht wirklich. Sie mich auch nicht, aber sie haben ja eine liebende Großmutter gehabt, als sie jünger waren. Sie liegen außerhalb meines Aufgabenbereichs. Ich bin nicht mitgekommen zum gemeinsamen Essen, organisiert von meinen Enkeln und deren Mutter. Anscheinend war mein Sohn ein glücklicher Mann, der eine glückliche Familie hinterlassen hat. Irgendwie erleichtert mich das. Meine Sinnlosigkeit scheint sich nicht vererbt zu haben. Nun ist meine Pflicht als Ehemann und Vater endgültig erfüllt. Ich bin frei. Ich kann machen, was ich will. Doch es gibt nichts, was mich interessiert. Keinen unerfüllten Wunsch, keine Bucket List, keine Ambitionen, die Welt zu bereisen oder sich kulturell weiterzubilden.

Also wird es wohl die Gesellschaft der Schwankenden werden. Ich reise also zum Hauptsitz der Gesellschaft und beantrage, mich ihnen anzuschließen. Der Antrag verläuft glatt, sie scheinen sich darüber zu freuen, einen Neuankömmling begrüßen zu dürfen. Ich bekomme ein schlichtes Zimmer zugeteilt, einen höheren Anspruch habe ich nicht. Die warmen Farbtöne sollen Freude vermitteln, die leeren Bilderrahmen dazu animieren, sich persönliche Fotos an die Wand zu hängen und jeden Tag zu betrachten. Momentan habe ich keine Verwendung für so etwas. Mir ist immer noch alles gleich. Ich erwarte auch nicht, dass sich das hier ändert. Also warte ich, bis mir meine Aufgaben zugeteilt werden, und erfülle diese.

Tagein, tagaus kümmere ich mich um das Kochen, den Abwasch, das Reinigen, das Gärtnern oder erledige einfache Büroarbeiten für die Gesellschaft. Woche für Woche steige ich langsam auf in der Rangordnung, doch das ist mir nicht wichtig. Eines Tages fragt ein Mitarbeiter aus der Personalabteilung, welche Arbeit mir Spaß mache. „Wie bitte?", frage ich, „Darüber habe ich noch nie nachgedacht. Ich glaube nicht, dass es so etwas gibt." Mein Gegenüber hebt eine Augenbraue. „Wirklich nicht", betone ich, „Es gibt nichts, das mir Freude bereitet." Ein paar Momente vergehen, dann meldet sich der Personalarbeiter erneut. „Sie wissen, wir haben nicht das Ziel, Ihnen einen Sinn im Leben zu geben. Wir gehen nicht davon aus, dass Sie hier Ihre Leidenschaft finden und wieder zu altern beginnen. Doch mit Ihrem Arbeitswillen, Ihrer Disziplin und Ihrer Konsequenz sind Sie eine begehrenswerte Arbeitskraft. Wir hätten Sie gerne fix angestellt als Arbeiter für die Gesellschaft. Sie würden uns helfen, die Gesellschaft auszubauen, mehr Mitglieder anzuwerben, unsere Organisation weiterzuentwickeln. Was sagen Sie?" Eigentlich muss ich nicht viel nachdenken. „Ja, wieso denn nicht?"

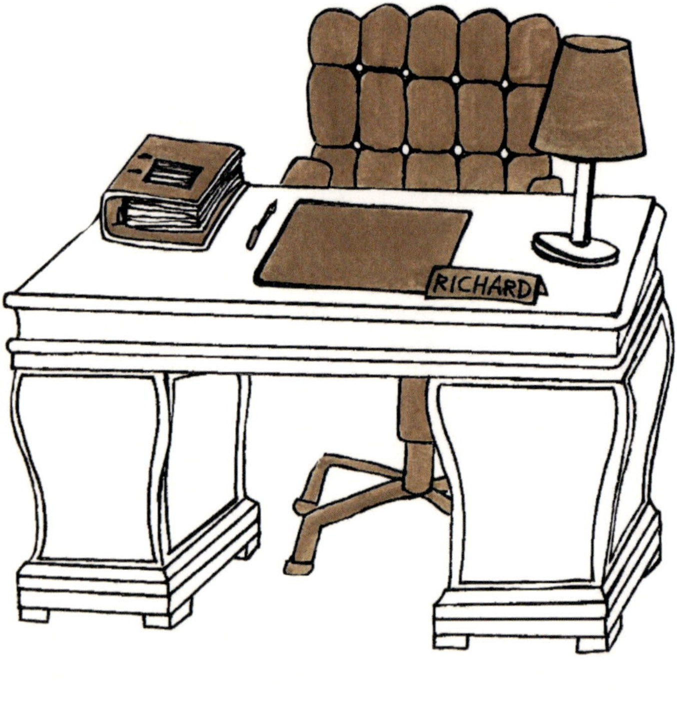
RICHARD

Ein neuer Kollege

Wilhelm

Seit dem erstmaligen Ausstrahlen des Werbespots gibt es einen enormen Andrang. Die Gesellschaft wächst und wächst, doch wir bleiben zurückgezogen und greifen nicht in die Konflikte der Sterblichen ein. Richard wird langsam älter. Er scheint hin und wieder einen Sinn in seiner Tätigkeit bei der Gesellschaft zu sehen. Auch, wenn er das nicht zugibt. Er möchte seriös, nicht-alternd und gleichgültig wirken. Da kann er es sich nicht leisten, öffentlich zuzugeben, dass er sich immer öfter auf die Schwelle zum Sterblichen begibt.

Dabei denke ich nicht, dass es uns stören würde. Wir, die nicht nur Mitglieder der Gesellschaft sind, sondern auch für sie arbeiten, kennen Richard durch und durch. Die meisten haben fast ein Jahrhundert lang mit ihm zusammengearbeitet. Dass er nun womöglich endlich seinen Frieden im Leben findet, würde uns freuen. Vielen von uns ist bewusst, dass wir nur so dahinvegetieren, existieren, während sich draußen in der Welt das wahre Leben abspielt. Gefühle, Emotionen wie Freude, Liebe, oder auch Hass, all das verspüren wir kaum – und können praktisch nichts dagegen tun. Nach außen hin mag es so wirken, als sei uns das gleich, doch in Wahrheit sind viele von uns traurig darüber. Ein Sinn im Leben ist durchaus erstrebenswert. Auch wenn die Gesellschaft das nicht verspricht, scheint es eigentlich die beste Option zu sein. Gerade weil ich keine Belastung für die Sterblichen sein möchte, sollte es Leute wie mich, unfreiwillig Unsterbliche, gar nicht geben.

In letzter Zeit haben wir weiter expandiert. Unsere Abteilung – das Management und Marketing der Gesellschaft, sowie unsere Zukunftspläne, der gesamte Vorsitz der Organisation – ist ebenfalls gewachsen. Jemanden wie unseren neuesten Rekruten, Arthur, habe ich lange nicht mehr gekannt. Er ist sehr ordentlich und erledigt seine Aufgaben makellos. Sein Zimmer ist minimalistisch und stets aufgeräumt. Man könnte meinen, er sei höchst engagiert, aber sobald man mit ihm spricht, merkt man, dass er keinerlei Motivation hat, aus der seine exzellente Arbeitshaltung resultiert. Stattdessen ist ihm alles gleich. Faszinierend.

Mittlerweile bin ich Abteilungsleiter im Bereich Werbung. Nachdem ich zum Gesicht der Gesellschaft geworden bin, habe ich Gefallen an dieser Arbeit gefunden. Außerdem bin ich recht gut darin. Meine Ansicht der Gesellschaft gegenüber hat sich nicht geändert. Wir, die schwanken und die meiste Zeit über unsterblich sind, gehören nicht in das Leben der Sterblichen. Wir gehören nicht in die wirkliche Welt, in die Welt voller Emotionen und Gefühle. Solange wir nur existieren, sollten wir jene, die wirklich leben, nicht mit unserer sinnlosen Existenz belasten. Deshalb soll die Gesellschaft wachsen und wachsen. Immer noch befinden sich unzählige von uns unter den Sterblichen. Natürlich ist es traurig, dass es so viele von uns gibt, doch wir können nichts dagegen tun. Die Suche nach dem Sinn des Lebens kann von keinem, der selbst keinen hat, geführt werden. Und die Motivation, sich selbst auf die Suche zu begeben, bleibt aus. Daher existieren wir ohne Sinn und ohne selbstzerstörerische Gedanken, somit aber auch ohne Aussicht auf Änderung. Womöglich ist es trotzdem die beste Lösung.

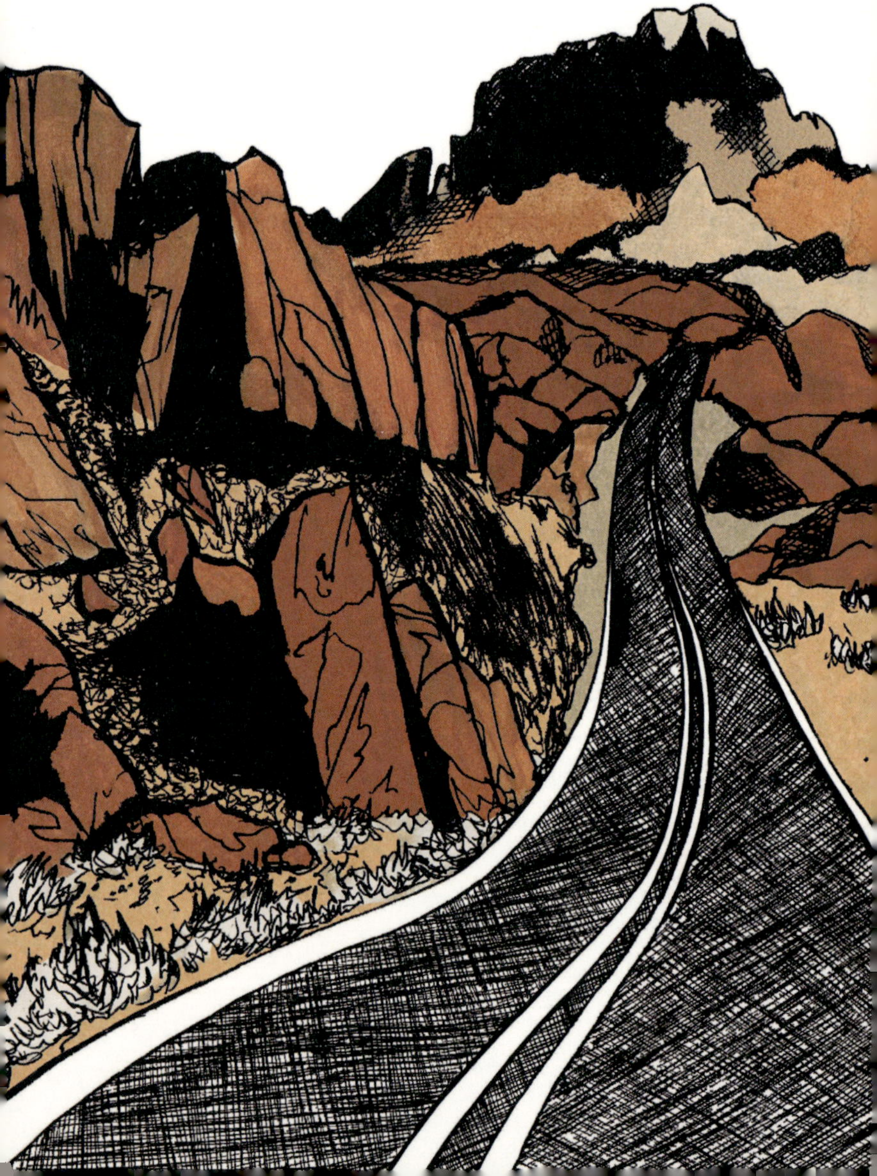

Ein Neuanfang

Victor

Sie ist tot. Emma ist nun wirklich tot. „Na, Vic, was jetzt?" John klingt verzweifelt. Er hat sie wirklich geliebt, ist bis zum Ende bei ihr geblieben. Genau wie ich. Es ist eine gute Frage. Was jetzt? Ich hoffe, John altert weiter und bleibt bei seiner Stieffamilie. Bei Emmas Kindern und Enkeln. Ich hoffe, sie alle erholen sich von ihrem Tod. Sie ist friedlich entschlafen, auch wenn sie gerne noch geblieben wäre. Hätte sie ihren wahren Frieden gefunden und mit dem Leben abgeschlossen, wäre sie nicht gestorben.
Doch so ist es besser, so sollte es eigentlich sein.

Es war immer mein Plan, bis zum Schluss bei ihr zu bleiben. Ich habe es nicht geschafft, sie zu verlassen. Meine geliebte Schwester. Der Altersunterschied ist zwar immer weiter vorangeschritten, doch mittlerweile habe ich meine Pubertät endlich hinter mir. Vermutlich bin ich nun in etwa im Körper eines Zweiundzwanzigjährigen. Es wundert mich immer noch, dass ich tatsächlich gealtert bin. Doch als Emma Enkelkinder bekommen hat, ist für eine kurze Zeit einfach alles perfekt gewesen – und ich habe ihr geholfen. Ich war keine Belastung für die Familie, die für eine kurze Zeit unsere Familie gewesen ist. Zu bald sind die Enkel zu alt geworden, um ihren jung gebliebenen Großonkel cool zu finden. Zu alt, um mich wirklich noch zu brauchen. Ich bin also zurück in die Sinnlosigkeit und die Depression gefallen.

„Ich werde wohl zur Gesellschaft fahren", sage ich. John blickt überrascht auf. „Hey, freu dich nicht zu früh, wenn es dort nichts für mich gibt, komme ich vielleicht zurück." Er lacht kurz auf. Es ist schön, mich halbwegs mit ihm zu verstehen. Nachdem meine pubertären Launen aufgehört haben, hat er mich nicht mehr wie einen sturen Pflegefall behandelt. Jedoch ist es sehr unwahrscheinlich, dass ich zurückkomme. Auch wenn mich das Haus womöglich an Emma erinnert, wird mir das wohl kaum helfen, einen Sinn in meinem Leben zu sehen. Wohl eher das Gegenteil.

Möchte ich überhaupt einen Sinn finden? Dass Emmas Enkelkinder mich so bald nicht mehr gebraucht haben, ist deprimierend gewesen. Seitdem habe ich keinerlei Motivation zur Sinnfindung mehr. Falls es je eine gab. Die Idee der Gesellschaft gefällt mir immer noch nicht. Aber ich fahre trotzdem hin, nur um es mir mal anzusehen. Auszuprobieren, ob das etwas für mich ist. Emma zuliebe.

Also fahre ich. Packe die notwendigsten Sachen und mache mich auf den Weg quer durchs Land zur Gesellschaft. Als ich ankomme, überrascht mich der Anblick kein bisschen. Leute augenscheinlich mittleren Alters erledigen einfache Arbeiten, leben einfache Leben. Existieren einfach nur.

Das ist nichts für mich. Da bin ich mir vollkommen sicher. Ich spreche zwar mit einigen Mitgliedern und Arbeitern der Gesellschaft, doch keiner überzeugt mich so recht von ihrer Sache. Ich bleibe lieber Einzelgänger. Vielleicht finde ich ja einen Sinn. Oder auch nicht. Vielleicht finde ich eine gute Möglichkeit, meine von mir so verhasste Existenz zu verbringen. Das bin ich Emma schuldig.

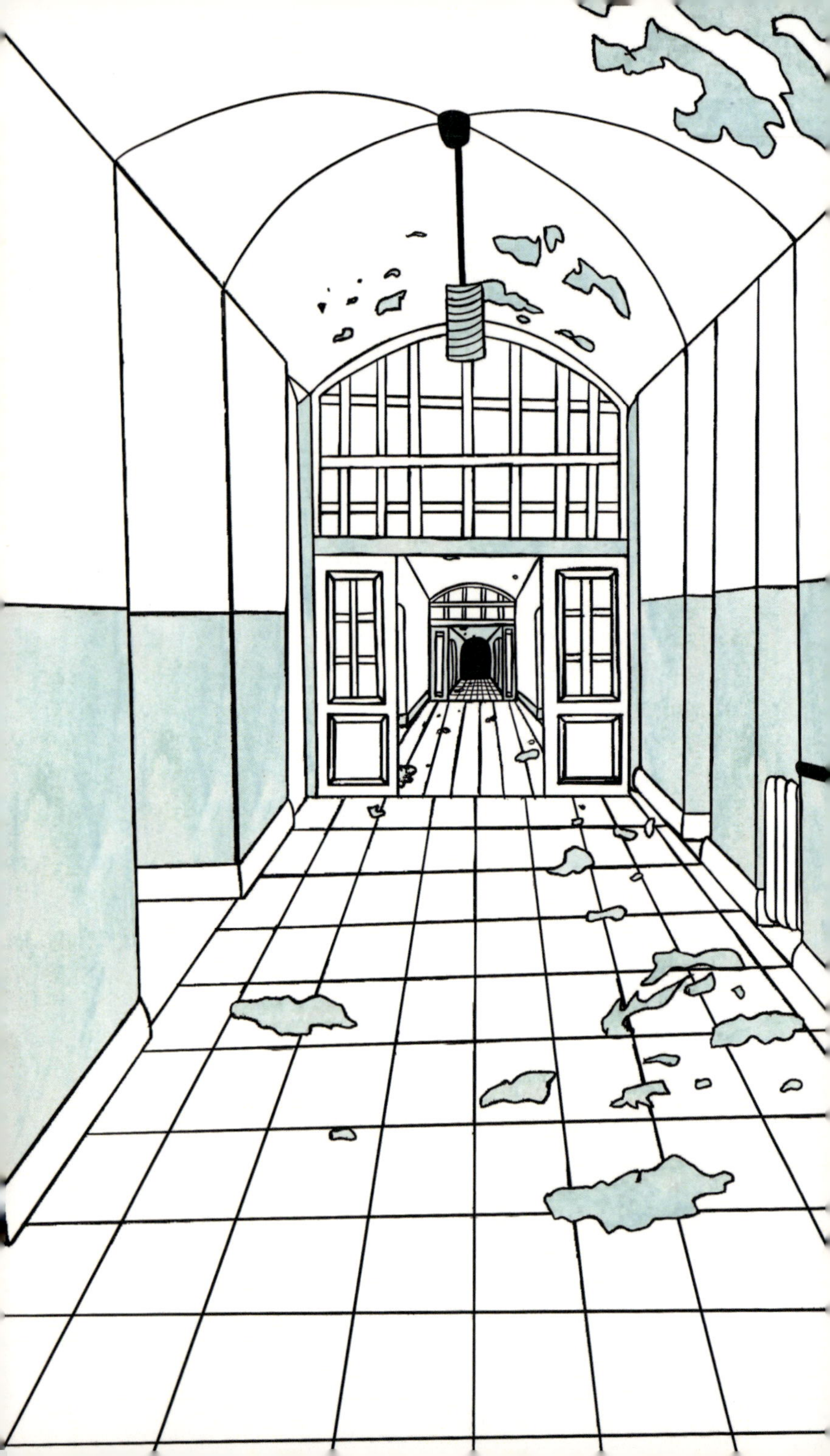

Das Krankenhaus der Ewig Leidenden

Tamara

Ich würde behaupten, ich habe mich recht gut eingelebt. Mittlerweile arbeite ich schon lange bei den Notdiensten, doch bevor ich tatsächlich Einsätze leiten darf, steht mir noch eine Prüfung bevor. Nun gut, das Wort „Prüfung" trifft es vielleicht nicht exakt im herkömmlichen Sinn. Meine Kollegen nehmen mich mit ins Krankenhaus der Ewig Leidenden. Je nachdem, wie gut ich mich dort schlage, wird mir die Beförderung gewährt oder nicht.

„Das Krankenhaus der Ewig Leidenden ist voller Unsterblicher, die – wie der Name schon sagt – permanent leiden. Deshalb liegt es auch so weit außerhalb, damit man in der Stadt nicht deren Schreie rund um die Uhr hört", erklärt mir mein Kollege Jacob auf unserer langen Fahrt zum berüchtigten Gebäude ein letztes Mal. „In einem der beiden Flügel liegen die Kranken wie Sardinen nebeneinander. Allesamt todkrank und ohne Lebenswillen. Sie wollen, dass es endlich vorbeigeht, wodurch es ewig dauert. Was sollten wir mit ihnen denn machen, wenn es dieses Gebäude nicht geben würde?" Ich muss schlucken. Mit jedem Kilometer schlägt mein Herz höher. Es gibt keinerlei Bild- oder Tonaufnahmen vom Krankenhaus, bloß jahrhundertealte Fotos, auf denen kaum etwas zu erkennen ist. Außerdem hat sich die Zahl der „Patienten" seitdem potenziert. Ich weiß also nicht genau, worauf ich mich einstellen muss. Jacob reißt mich aus meiner Trance: „Im anderen Flügel sind die Gummizellen der Selbstverletzer. Sie hassen sich selbst so sehr, dass sie um jeden Preis leiden möchten. Mittlerweile wird ihnen gar kein Essen mehr gebracht, da sie es sowieso verweigern. Sobald sie an scharfe Gegenstände kommen, schneiden sie sich die Adern auf oder stechen sich selbst ab. Viele stecken sogar in Zwangsjacken, damit sie sich nicht die Augäpfel auskratzen." Wieder schlucke ich. Jacob wirft mir einen besorgten Blick zu. „Wird dir das zu viel, Tammy? Sollen wir lieber umdrehen? Ich versuche bloß, dich auf das vorzubereiten, was du gleich sehen wirst." „Ist schon", ich räuspere mich, „okay. Ich stehe das durch." Schließlich gibt es auch Leute, die dort arbeiten. Wie oft sie wohl schon das

Blut der Selbstverletzer aus den Zellen entfernen mussten? Ein Schauer läuft über meinen Rücken. Trotzdem bleibe ich stark.
Ich weiß, dass das Krankenhaus die beste Möglichkeit ist, die Sterblichen vor den Schrecken der Selbstverletzer und den Schreien der ewig Kranken zu schützen. Die Unsterblichkeit ist eine Pandemie, die wir zu bekämpfen versuchen. Daher werden die Sterblichen vor den Schrecken des Unsterblichen abgeschottet, daher werden sie beschützt. Um die Unschuld und die Reinheit des wirklichen Lebens zu bewahren.

Bald sind wir da und immer mehr wird mir bewusst, dass sich etwas ändern muss. In der Schule habe ich gelernt, dass es in unserer Geschichte schon zahlreiche gescheiterte Versuche gegeben hat, den Unsterblichen bei der Suche nach dem Sinn des Lebens zu assistieren. Die meisten dieser Versuche endeten in ehemals Sterblichen, die bei dem Versuch, Unsterblichen zu helfen, verzweifelt und zu ebensolchen geworden sind. Doch irgendeine Möglichkeit muss es geben. Dessen werde ich mir immer sicherer, je lauter die Schreie aus dem Krankenhaus werden.

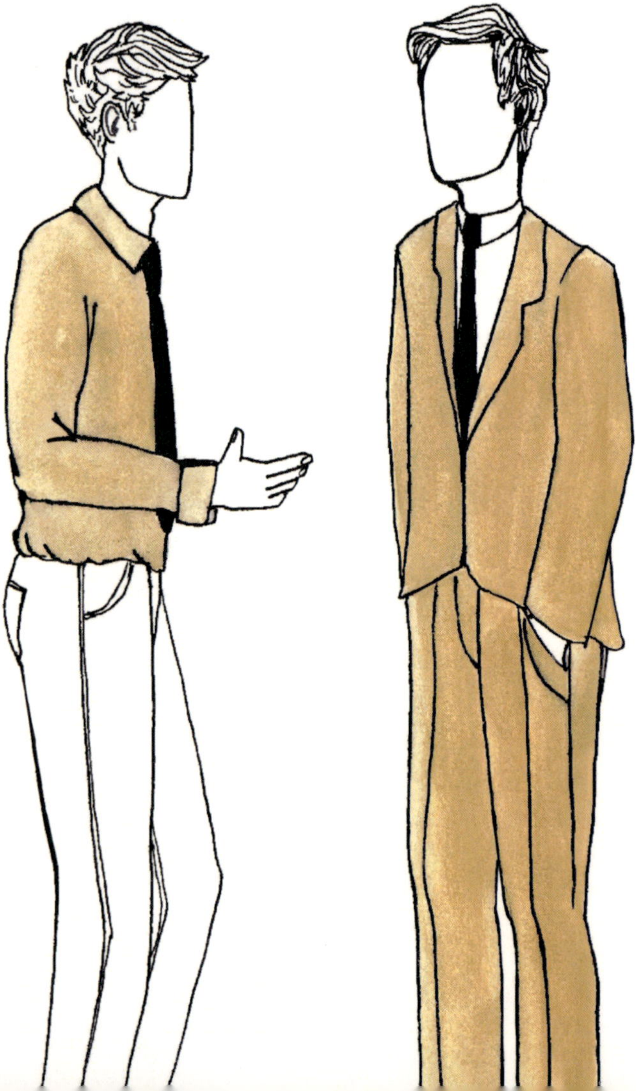

Ungewohnte Gedanken

Arthur

Es hat sich im Prinzip nichts verändert. Einen wahren Unterschied zwischen meinem Leben als Ehemann und Vater und meiner jetzigen Existenz gibt es nicht. Einfache Büroarbeiten Tag für Tag. Nichts Aufregendes. Immer wieder dasselbe.
Jedoch werde ich hier oft auf meine Arbeitsmoral angesprochen. Anscheinend bin ich äußerst fleißig. Mehrmals sind mir Beförderungen angeboten worden, doch das möchte ich nicht unbedingt. Ich bin mir immer noch nicht sicher, was ich wirklich will.

Vor einiger Zeit ist ein junger Mann, Victor, hier beim Sitz der Gesellschaft der Schwankenden gewesen. Ob er so jung ist, wie er ausgesehen hat, wage ich zu bezweifeln, doch eines steht fest: Er hat sich uns nicht angeschlossen. Das war der erste Fall seit einer gefühlten Ewigkeit, bei dem ein Interessent nicht zu einem Mitglied der Gesellschaft geworden ist. Irgend-

wie lässt mich das nicht kalt. Was, wenn Victor recht hat? Was, wenn es da draußen doch mehr zu sehen gibt? Soweit sich das mit einem unsterblichen Leben in dieser Welt einrichten lässt.
Was, wenn die Gesellschaft doch nicht das Richtige für mich ist? Ich verbringe hier nun schon einen beachtlichen Teil meiner Existenz und das soll alles sein? Ein öder, gleichbleibender Tag nach dem anderen – für den Rest der Ewigkeit?
Was ist bloß dieses neue Empfinden? Verspüre ich einen Sinn im Leben? Altere ich wieder? Wohl kaum, aber da ist etwas anderes. Neugier.

Nachdem ich mir einige Arbeitszyklen lang Gedanken über das, was Victor in mir ausgelöst hat, gemacht habe, beschließe ich, mit Wilhelm zu reden. Er hat mich einst in der Werbe-Abteilung eingeschult. Mittlerweile bin ich Abteilungsleiter und er ist zu Richards rechter Hand geworden, vermutlich wird er eines Tages sogar sein Nachfolger sein.
Nun brauche ich Wilhelm als Freund. Er soll ehrlich sein und mir raten, was ich tun soll.

„Wilhelm, kann ich dich kurz sprechen?", frage ich. „Na klar, schieß los. Geht es um die neue Marketingkampagne?" – „Nein, das ist eher ein Problem privater Natur." Ich kann die Verwunderung in seinen Augen sehen. Noch nie zuvor habe ich etwas angesprochen, das nichts mit der Arbeit zu tun hat. „Weißt du noch, als Victor da war? Um sich über die Gesellschaft zu erkundigen?" „Ja ..." Ich glaube, Wilhelm könnte bereits ahnen, worauf ich hinaus möchte. „Nun, seitdem er uns wieder verlassen hat, komme ich aus dem Grübeln nicht mehr heraus. Was, wenn ich doch nicht hierhergehöre?" Ich kann Wilhelms Gesichtsausdruck nicht einordnen, also führe ich mein Problem weiter aus. „Das ist das erste Mal seit Jahrzehnten, dass ich so etwas wie Sehnsucht nach dem Leben empfinde. Ich weiß nicht, ob es da draußen nicht mehr für mich gibt. Meinst du, ich sollte es probieren? Mich auf die Suche nach einem Sinn im Leben machen?" Während ich gesprochen habe, hat Wilhelm den Blick gesenkt. Nun sieht er mich an – mit Tränen in den Augen. „Will, alles in Ordnung? Es ist vielleicht sowieso nur ein dummer Gedanke, ich kann auch hier bleiben und ..." – „Alles bestens, Arthur. Ich freue mich nur für dich. Niemals hätte ich gedacht, es würde so weit kommen, dass du dieses Empfinden verspürst. Tu es!"

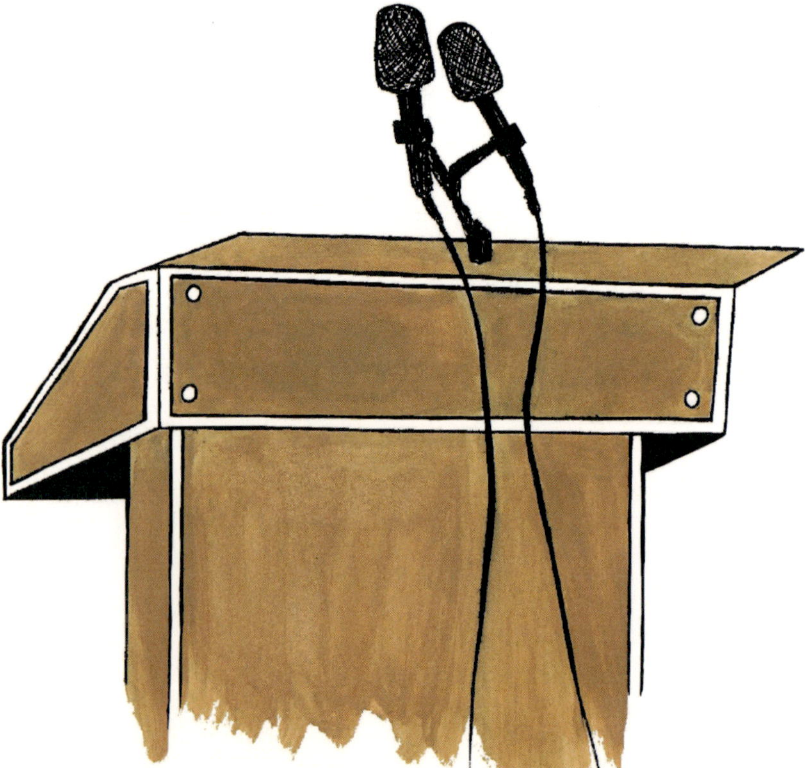

Veränderung

Wilhelm

„Finde heraus, ob es da draußen etwas für dich gibt. Es lohnt sich bestimmt, wirklich zu leben und nicht nur zu existieren, so wie wir es hier tun. Wenn du den Drang nach der Welt verspürst, gehe ihm nach! Im Notfall kannst du jederzeit zu uns zurückkommen und ich verspreche dir, du wirst mit offenen Armen empfangen werden." Als ich meine kleine Rede beendet habe, sehe ich Arthur in die Augen. Er hat diese Reaktion wohl nicht erwartet, aber ich weiß, es ist die richtige. Ich kann ihn nicht aus Eigennutz bei uns behalten. Jeder, der den Sinn des Lebens suchen möchte, sollte dies tun. Anscheinend hat Arthur einen Entschluss gefasst: „Na gut, du hast mich ermutigt, es zu wagen. Ich werde mich auf die Suche nach dem Sinn meines Lebens begeben!"

Einige Tage später ist Arthur tatsächlich weg. Seinen Posten hat er einem anderen überlassen. Ich werde ihn vermissen, er ist eine Art Freund gewesen, obwohl er sich meist unnahbar und distanziert gezeigt hat.

Arthur habe ich meine ehemalige Abteilung ohne Bedenken anvertrauen können, nun bin ich ein klein wenig besorgt. Seinen Nachfolger kenne ich nicht gut und aufgrund meiner Vergangenheit liegt mir die Werbung für die Gesellschaft sehr am Herzen.

Die Arbeit als Richards Assistent ist mir jedoch ebenso wichtig. Er wird nun fast schon von Woche zu Woche merklich älter, irgendwann wird er vielleicht sogar sterben. Darauf bereitet er mich jeden Tag vor. „Wilhelm, mein Lieber, ich bin stolz auf dich und deinen bisherigen Karriereweg. Du wirst noch Großes erreichen. Vielleicht wird die Gesellschaft unter dir aufblühen, sich verändern. Wer weiß, vielleicht wird es unter dir wieder üblich, den Unsterblichen Gedankenanstöße zur Wiederfindung des Sinnes zu geben." Er sieht mir meine Verwirrung an, wie kommt er auf diese Idee? „Wilhelm, ich sehe, was du für deine Mitmenschen tust. Du bist ein edler Mensch und könntest wahrlich Gutes in dieser Welt erreichen." Ich bin gerührt, mein ehemaliges Idol, mein Mentor ist stolz auf mich. Mein Vater war es seinerzeit nie, mittlerweile liegt das schon Jahrhunderte zurück.

Wochen vergehen, dann Monate, dann passiert es. Richard stirbt. Er ist tot. Entschlafen, nach einem Gespräch mit der Regierung der Sterblichen. Anscheinend sah er einen Sinn in seinem Leben. Bereit zu gehen war er natürlich nicht, denn das ist niemand, der stirbt. Doch trotzdem glaube ich, dass er mit der Idee, die Gesellschaft nach seinem Tod an mich zu übergeben, zufrieden gewesen ist. Zumindest steht das in dem Brief, den er mir vermacht hat.
Es ist offiziell: Ich bin das neue Oberhaupt der Gesellschaft. Ich werde mich um alles kümmern, Gespräche mit den Regierungen führen, Entscheidungen treffen …

Seltsam, irgendwie muss ich an jenen Tag zurückdenken, an dem das erste Werbevideo für die Gesellschaft gedreht worden ist. Als ich ganz frisch zum Gesicht der Gesellschaft geworden bin. Nun ist es ähnlich, das ist mein erster Tag als Gesicht der Gesellschaft. Bloß dieses Mal nicht als Aushängeschild, sondern als Anführer. Ich glaube an Richards Vision, wir werden Großartiges erreichen.

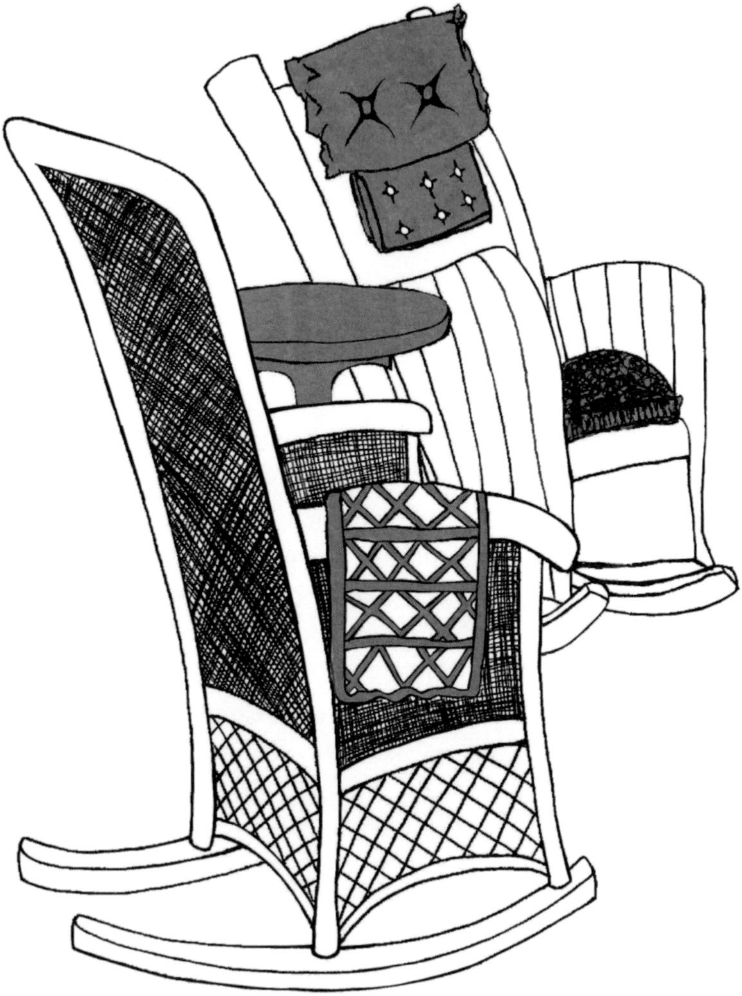

Frieden finden

Anneliese

Meine Tochter ist schon lange tot. Heute feiert meine Enkelin ihren 85. Geburtstag. Ein Jahr älter, als mein Körper es ist. Diesen Tag sehe ich als Zeichen, endlich aufzubrechen. Meine Ururenkel genießen es zwar, eine zusätzliche Oma zu haben, aber für mich ist es immer noch ein tägliches Aufsetzen der Maske. Vielleicht ist sie sogar schon angewachsen.
Vor einigen Jahren habe ich von einer Initiative der unsterblichen Senioren gehört. Leute wie ich haben sich zusammengetan und verbringen ihren ewig währenden Alltag in einer Art Altersheim.

Bei meiner Ankunft werde ich von Erinnerungen überwältigt. In den letzten 80 Jahren hat sich mein Leben kein bisschen verändert, seit Gerhards Tod habe ich mich zurückgezogen und in trister Routine gelebt. Meine Wohnung war stets dunkel, ich habe sie nie saisonal dekoriert und sogar die Bilder von den Wänden

genommen. Fast nie haben Fernseher oder Radio die immerwährende Stille gestört.
Hier ist es anders. Lichtdurchflutet, farbenfroh und voller Leben. Überall gibt es Kaffeekränzchen, Musik und Gelächter. Die warme und freundliche Atmosphäre wird auch von der Dame, die mich empfängt und mir das Gebäude zeigt, widergespiegelt.

Etwas später sitze ich in einem Schaukelstuhl und muss an Gerhard denken, er hätte es hier geliebt. Das Seniorenleben hat ihn immerzu mit Freude erfüllt.
„Anneliese, bist du das? Das glaub' ich ja nicht! Was ist denn mit dir passiert?" Die Frau, die mich angesprochen hat, kommt mir vage bekannt vor. Ist das … Großtante Lotti? Ja, das ist sie! Eine halbe Ewigkeit schon habe ich sie nicht mehr gesehen, und nie habe ich gewusst, was mit ihr passiert ist.

Lotti erzählt mir von ihren letzten Jahrzehnten. Sie ist sogar Mitgründerin dieser Initiative!
„Weißt du, Anneliese, das Leben ohne Sinn muss nicht trostlos sein. Wir können Spaß haben und unser Sein auf dieser Erde genießen. Einige finden vielleicht einen neuen Sinn, andere nicht. Doch das macht nichts. Wir können

trotzdem musizieren, lachen, stricken – und nicht zu vergessen – naschen!" Sie kichert und nimmt noch ein Stück Kuchen in die Hand. An Kaffee und Süßspeisen mangelt es hier anscheinend nie. Daran könnte ich mich gewöhnen.
Nach einem ausgelassenen Abend, an dem ich Lottis Freunde kennengelernt habe, liege ich zum ersten Mal seit 80 Jahren mit einem Lächeln auf den Lippen im Bett. Einem echten Lächeln. Die Maske fängt an, zu bröckeln.

Ach Gerhard, denke ich mir, du würdest es hier lieben. Natürlich vermisse ich dich, doch ich weiß, du hättest gewollt, dass ich Spaß habe und wieder lache. So herzlich gelacht wie heute habe ich schon eine halbe Ewigkeit nicht mehr. Pass da oben auf dich auf, mein Liebster. Ich habe meinen Platz hier unten gefunden und wer weiß, vielleicht komme ich ja eines Tages zu dir hinauf.

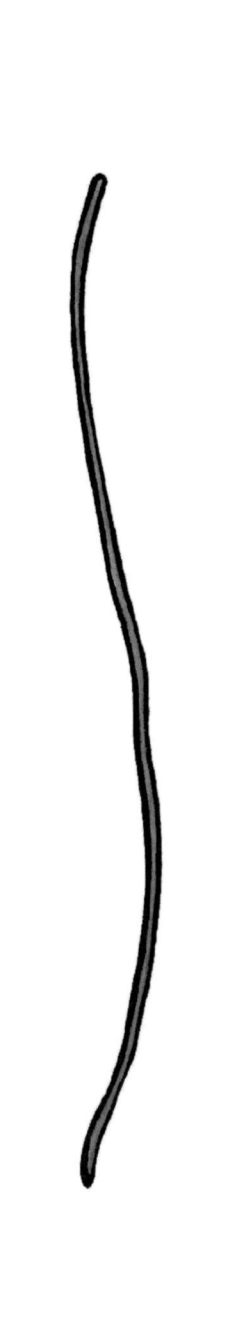

Epilog

Arthur

Meine Reise aus der Gesellschaft hinaus in die weite Welt hat mich schließlich zu den Notdiensten der Sterblichen geführt. Ein Stellenangebot in der Zeitung hat mein Interesse geweckt, also bin ich hingefahren. Kaum angekommen, habe ich ein bekanntes Gesicht entdeckt – Victor! Er hat mir erzählt, dass er schon ein paar Monate hier arbeitet und damit sehr glücklich ist. Er fühlt sich nützlich, wird gebraucht und hat mir eine Frau mittleren Alters namens Tamara vorgestellt. Tamara, oder kurz Tammy, ist eine Sterbliche, die bei den Notdiensten arbeitet. Höchst ungewöhnlich.
Ich habe mich mit allen schnell gut verstanden und mich auch für eine Stelle beworben. Nun arbeite ich als Auszubildender, Seite an Seite mit Victor und Tammy, die unsere Einsätze leitet. Sie hat mir erzählt, dass es für sie als Sterbliche sehr schwer war, im Job bis zu ihrer Position aufzusteigen, doch dass es für Unsterbliche üblicherweise schneller geht.

Tatsächlich wird Victor einige Zeit später schon zum zweiten Einsatzleiter befördert und auch ich bin schnell fertig ausgebildet. Die Arbeit erfüllt mich mit Freude, so aufregend war mein Leben noch nie. Jeden Tag passiert etwas Neues und jeden Tag helfe ich Menschen. Es tut mir gut, Kontakt zu Sterblichen zu haben. Sie erinnern mich daran, dass das Leben einen Sinn hat. Nach jeder Rettung werden wir förmlich mit Dankbarkeit überschüttet, oft bekommen wir im Nachhinein sogar Fotos von glücklich vereinten, lebenden und sterblichen Familien zugesandt.

„Weißt du, Arthur, das war nicht immer so." Tammy wirkt nachdenklich. „Was meinst du? Waren die Leute nicht dankbar, dass ihr sie gerettet habt?" Sie lächelt traurig. „Nein, das waren sie nicht. In meiner Anfangszeit hier haben viele Unsterbliche bei den Notdiensten nahezu barbarisch agiert. Sie haben jene in Not nicht so gerettet, wie wir das heute tun. Stattdessen haben sie versucht, die Opfer unsterblich zu machen." Sie erzählt mir, wie sich erst innerhalb der Zeitspanne ihrer Karriere etwas geändert hat. Tammy hat etwas Grundlegendes in der Vorgehensweise der Notdienste zum Besseren verändert. Beeindruckend.

Einige Monate später sehe ich im Pausenraum eine Nachrichtenshow, in der Wilhelm zu sehen ist. Er ist nun das Oberhaupt der Gesellschaft und – er hat mehr Falten als zu dem Zeitpunkt, an dem ich ihn zuletzt gesehen habe! Ich muss lächeln und schalte lauter. Wilhelm erzählt von einem neuen Vorhaben der Gesellschaft. Sie möchten den Unsterblichen bei der Suche nach dem Sinn des Lebens helfen. Ihr Plan ist gut durchdacht, die Fehler der Vergangenheit wollen sie nicht wiederholen, das machen sie klar. Trotz allem tun sie es: Sie bieten für alle Unsterblichen, nicht nur für Mitglieder, ein Programm zur Sinnfindung an.
Tammy sitzt neben mir und hat ein breites Grinsen auf dem Gesicht. Sie wirkt sichtlich erfreut von dieser Neuigkeit, als hätte sie schon lange darauf gehofft. Dann fällt ihr Blick auf mich und fokussiert sich auf meinen Kopf. „Was?", frage ich und wundere mich über ihren Gesichtsausdruck. Sie lächelt. „Du hast ein graues Haar, Arthur. Das war vorher noch nicht da!" Jetzt muss auch ich lächeln. Ich habe meinen Platz gefunden.

CORNELIA M. BREITFELLNER

Cornelia Maria Breitfellner wurde 2005 am Rande Wiens geboren und absolviert nach dem Realgymnasium ein Tourismus-Kolleg ehe sie sich ans Studieren wagt. Nun entschloss sie sich dazu, ihren Traum des Bücherschreibens zu verfolgen. Unzählige Geschichten und noch-nicht-verfasste Romane spuken seit jeher in ihrem Kopf herum und warten sehnsüchtig darauf, aufs Papier gebracht zu werden.

Loved this book?
Why not write your own at story.one?

Let's go!